AF316913

LA
CONFÉRENCE DE TOURCOING

Dimanche 10 Juillet 1881.

DISCOURS

DE M. LOUIS CAVROIS.

ARRAS

IMPRIMERIE DE LA SOCIÉTÉ DU PAS-DE-CALAIS

43, Rue d'Amiens, 43.

1881

COMPTE-RENDU

DU

JOURNAL *LE PAS-DE-CALAIS.*

Arras, 11 Juillet 1881.

« Encore un succès, j'allais dire un triomphe, » s'écrie le journal la *Vraie France,* en annonçant le résultat de la conférence royaliste donnée dimanche à Tourcoing par M. Charles Thellier de Poncheville. — Notre excellent confrère n'exagère pas ; nous avons nous-même été témoin de l'enthousiasme des deux mille et quelques centaines de personnes qui étaient accourues écouter la parole ardente de l'éloquent bâtonnier du barreau de Valenciennes, et parmi lesquelles les ouvriers figuraient en grand nombre.

Notre honorable concitoyen, M. Cavrois-Lantoine, qui présidait, a ouvert la séance par une allocution saluée, à différentes reprises, des plus chaleureux applaudissements.

L'union fait la force, dit-il, cette devise du royaume qui touche à nos frontières, la Flandre et l'Artois se l'ont appropriée déjà, et l'ont mise en pratique pour la défense des intérêts religieux.

Mais à l'heure présente l'union catholique ne suffit plus ; elle doit être complétée et fortifiée par l'union politique ; aujourd'hui l'union politique s'impose, elle est devenue nécessaire.

L'orateur salue et félicite M. Charles Thellier de Poncheville. M. Thellier s'était déjà distingué à Lille, au dernier banquet du 29 septembre, en y traitant dans un magnifique discours la question ouvrière ; aujourd'hui il vient prendre vaillament sa place à côté des éminents conférenciers qui s'appellent Albert de Mun, Mayol de Lupé, Jacquier, Théry, et continuer dans la région du Nord la campagne royaliste ouverte par eux.

Sans vouloir empiéter sur la thèse que doit soutenir M. Thellier de Poncheville : *la République est-elle possible?* M. le président ne peut s'empêcher de constater notre triste état social et politique et de conclure à l'impossibilité de la République et à la nécessité du rétablissement de la Monarchie chrétienne, représentée par l'illustre Prince, qui a résumé lui-même tout son programme dans ces quatre mots :« Je veux être Henri IV second ».

A l'époque d'Henri IV, ajoute l'orateur, la France était comme aujourd'hui divisée et agitée par une question politico-religieuse. Alors la royauté et la paix se firent par la conversion du Roi ; cette fois, la royauté et la paix se feront par la conversion de la France.

Des applaudissements et des cris de *Vive le Roi !* couvrent la voix de l'orateur et l'empêchent pendant quelques instants de continuer son discours.

M. Cavrois examine ensuite le moyen de travailler efficacement au rétablissement de la monarchie et achève de démontrer, au milieu des acclamations de l'auditoire, la nécessité de l'union monarchique.

Faute d'espace, nous dirons du discours de l'éminent conférencier, M. Thellier de Poncheville deux mots seulement : On ne pouvait démontrer avec plus d'âme et d'esprit comment la République a tenu son programme et a donné l'apaisement, la prospérité, l'ordre et la liberté qu'elle avait promis, ni mieux exposer la grandeur de la Monarchie et la nécessité de son rétablissement. Les ovations qui ont été faites à l'orateur en sont la meilleure preuve.

Avant de lever la séance, M.Cavrois a repris la parole pour remercier M. Thellier de Poncheville, et proposer à l'assemblée d'envoyer au comte de Chambord, à l'occasion de la Saint-Henri, l'expression de ses vœux les plus ardents. Cette proposition a été accueillie par des acclamations et des hourrahs enthousiastes.

DISCOURS DE M. CAVROIS.

Messieurs,

Ce m'est un très grand honneur d'avoir été appelé à présider cette imposante assemblée ; et, si je cherche la raison de ce choix, je crois pouvoir la trouver dans cette maxime qui est la devise du royaume sur les confins duquel vous êtes ici placés : *L'Union fait la force.* Comme la Belgique n'en a pas le monopole, vous avez voulu vous l'approprier, et vous avez tenu, en m'appelant au milieu de vous, à affirmer une fois de plus, et d'une manière plus complète, l'union qui existe entre nos deux provinces du Nord, entre votre noble Flandre et notre Artois. Oui, Messieurs, l'*Union!* telle est la pensée que je me propose de développer devant vous.

Depuis longtemps déjà l'union religieuse est faite entre les diocèses auxquels nous appartenons : j'en trouve principalement la preuve dans cette Université catholique de Lille que nous avons fondée ensemble et que nos gouvernants ont voulu découronner, en lui retirant son titre officiel ; mais, quoi qu'ils fassent, ils n'arracheront jamais de nos âmes l'invincible espérance de voir cette grande institution triompher de tous les obstacles qu'on lui oppose. (Bravos.)

Et, en ce qui vous concerne plus spécialement, vous, Messieurs, catholiques de cette ville de Tourcoing, croyez bien que nous vous avons suivis, avec une émotion sympathique, dans la courageuse résistance que vous avez faite, l'an passé, à l'exécution des iniques décrets du 29 mars ; comme vous, nous avons eu à déplorer l'expulsion de nos dignes religieux ; dans cette circonstance encore, nos cœurs battaient donc à l'unisson des vôtres.

Mais à l'union religieuse vous avez voulu ajouter l'union politique ! (Approbation) et à quelle époque cette double union fut-elle plus nécessaire qu'aujourd'hui, alors surtout que nous voyons — d'un côté, l'activité de nos adversaires qu'il ne faut pas méconnaître et que nous ferions bien d'imiter plus souvent, — et de l'autre, l'a-

pathie de ceux qui se disent conservateurs
et qui s'endorment dans un repos fu-
neste.

Ne sommes-nous pas cependant à la veille
de cette grande bataille électorale dans la-
quelle vont peut-être se décider les destinées de la France ? Ah ! la France ! elle
m'apparaît en ce moment comme un vaste
camp où les soldats de tous les partis
s'exercent au combat qui va se livrer ; et
de même que dans l'armée, des officiers
instructeurs enseignent le maniement des
armes, de même aussi, dans l'armée que
nous formons, nous avons également des
hommes dévoués auprès desquels nous
venons prendre le mot d'ordre ; et ces hommes, ce sont nos grands orateurs politiques et nos savants conférenciers. (Bravos.)

Le mouvement des conférences est main-
tenant commencé ; déjà les villes de Lille
et d'Arras sont entrées dans cette voie.
Nous nous souvenons encore avec bonheur
des discours si éloquents de M. le comte
Albert de Mun, de M. Mayol de Lupé et de
M. Charles Jacquier. Mais cette action va
se continuer. A l'heure même où je vous
parle, un de nos amis de Lille porte la parole dans la ville de Boulogne ; et, suivant
cette impulsion, vous avez appelé à vous
M. Charles Thellier de Poncheville que je

suis heureux et fier de vous présenter et de saluer en votre nom à tous. (Applaudissements.)

M. Thellier de Poncheville n'est pas un inconnu pour nous : il est, je tiens à le rappeler, issu d'une de nos vieilles familles d'Artois, et il a publié dernièrement des *Mémoires* qui sont un véritable monument élevé par sa piété filiale au souvenir de ses ancêtres. Il a donc le culte du passé, et, ce qui est plus précieux encore, il a hérité non-seulement du nom, mais encore des convictions religieuses et politiques de ses aïeux. Inscrit au barreau de Valenciennes, M. Thellier a eu, l'année dernière, l'insigne honneur d'être nommé bâtonnier de l'ordre des avocats ; et, chose digne de remarque, il a obtenu dans cette élection, le suffrage de ceux là même qui, tout en ne partageant pas ses croyances, n'en ont pas moins rendu hommage à son mérite. (Bravos.)

Mais, ce sur quoi je veux particulièrement appeler votre attention, c'est sur un discours que M. Thellier de Poncheville a prononcé à Lille le 29 septembre dernier, dans une circonstance solennelle, discours consacré à l'étude de la *Question ouvrière*. Ah ! Messieurs, la question ouvrière, c'est la grande question sociale de notre époque, et voilà pourquoi elle préoccupe nos esprits. Je pense avoir l'honneur de compter des ouvriers dans ce vaste auditoire : qu'ils me permettent de leur demander ce qu'ils ont gagné à toutes nos révolutions ? Sont-ils plus heureux aujourd'hui qu'autrefois ? Non ; le bien être auquel ils aspirent est impossible sans la sécurité ; or la Révolution ne donne pas la sécurité, car elle ne respecte rien, pas plus les présidents de Républiques que les Czars et les autres souverains, témoin cet horrible attentat dont vient d'être victime le chef de la Confédération des Etats Unis qu'on s'est trop plu à nous montrer comme le modèle des gouvernements. (Applaudissements.)

La classe ouvrière mérite donc tout notre intérêt ; moi-même je suis heureux de lui consacrer la meilleure partie de mon temps ; mais, Messieurs, nous ne sommes pas seuls à nous y intéresser : nos adversaires s'y intéressent aussi ; seulement, comme le disait fort bien M. Thellier de Poncheville, c'est parce que pour eux l'ouvrier est un bulletin de vote ; c'est un marchepied dont se servent les intrigants pour escalader le pouvoir.

Il n'est pas sans intérêt de vous faire observer que cette appréciation est loin d'être nouvelle, et qu'en plein XVIIe siècle, elle se trouvait déjà formulée par un de nos grands poëtes nationaux. Corneille a dit

en effet dans cette strophe qui est comme
une sentence prophétique :

Quand le peuple est le maître, on n'agit qu'en
[tumulte,
La voix de la raison jamais ne se consulte ;
Les honneurs sont vendus aux plus ambitieux,
L'autorité, livrée aux plus séditieux (1).

Voilà plus de deux cents ans que ces
vers sont écrits ; on les croirait d'hier.
Messieurs, la question que M. Thellier de
Poncheville, va examiner devant vous, est
ainsi conçue : *La République est-elle possible ?* Je me garderai bien d'empiéter sur
le terrain de notre sympathique conférencier ; mais, si vous me permettez d'expri-
mer un vœu, c'est que son discours con-
clue à l'impossibilité ! car alors, comme
l'Empire n'est plus représenté que par
l'homme que je ne veux pas nommer et que
vous connaissez suffisamment, je me de-
mande si vous n'allez pas être amenés né-
cessairement à reconnaître que pour assurer le salut de la France, nous devons tour-
ner nos regards vers ce Prince que Dieu
lui a providentiellement donné et qu'il lui
conserve aussi providentiellement, vers ce
Prince que ses ennemis eux-mêmes sont

(1) Cinna, acte II, scène première.

forcés d'estimer, vers ce Prince que nous aimerons davantage à mesure que nous le connaîtrons mieux, vers ce Prince enfin qui s'est défini lui-même d'une manière charmante quand il a dit qu'il voulait être « *Henri IV second !* » (Applaudissements prolongés.)

Ce mot, Messieurs, renferme pour nous une leçon. Il y a, en effet, plus d'un point de ressemblance entre le temps qui précéda le règne d'Henri IV et celui où nous vivons. Alors, comme aujourd'hui, l'avènement du roi au trône ne se fit pas sans difficultés, et c'était aussi une question politico-religieuse qui divisait les esprits ; mais, à la différence de notre époque, l'union de la France et de la royauté se fit par la conversion du roi, tandis qu'actuellement elle se fera par la conversion de la France ! (Bravos).

Oh, messieurs, loin de moi la pensée de confondre la cause de l'Eglise qui domine tous les intérêts humains avec celle de la Patrie, quelque chère qu'elle nous soit ! Mais est-ce ma faute à moi si ce sont nos adversaires eux-mêmes qui ont fait cet accord ? Ne savez-vous pas qu'un professeur de l'Université de l'Etat a dit dans une loge maçonnique de Lille : « On ne peut être à la fois catholique et républicain ! » Cette déclaration n'est que l'écho d'une parole célèbre, très impolitique, selon moi, puisqu'elle a détaché en bloc du parti républicain tous les vrais catholiques, parole qui est le cri de guerre : « Le cléricalisme, c'est l'ennemi. » Eh bien, il me semble alors que pour nous le cléricalisme est devenu notre allié ! (Très bien !)

Et, de fait, voyez ce qui arrive. J'ai été très frappé, et vous, comme moi, certainement, des discours qui ont clôturé le dernier Congrès des Comités catholiques, tenu à Paris dans le courant du mois de mai dernier. Vous savez très bien que dans nos œuvres catholiques nous ne faisons jamais de politique ; et cependant un grand évêque français et le président de ce Congrès ont été amenés successivement par la force des choses, à y faire une déclaration dont je tiens à vous citer textuellement deux extraits.

Mgr Freppel dit d'abord avec autant de réserve dans la forme que de précision dans le fond :

« Pour devenir véritablement fructueu-
« se, l'union des catholiques devra être
« complète et entière, embrasser les *inté-*
« *rêts de la patrie* comme ceux de la reli-
« gion ; car si l'on peut et si l'on doit les
« *distinguer* les uns des autres, il n'est pas
« possible de les *séparer* ni en théorie ni
« dans la pratique. »

Et il conclut ainsi :

« Alors se fera, je l'espère, l'union en-
« tière et complète de tous les catholiques,
« et comme conséquence, une restauration
« totale de la patrie française, où *le respect*
« *du passé* et l'intelligence du présent se
« rencontreront et s'allieront pour assurer
« l'avenir. »

Puis l'illustre M. Chesnelong s'exprime
à son tour de la manière suivante :

« Après la catastrophe de 1870, je médi-
« tais, comme l'éloquent évêque d'Angers
« nous y conviait hier, d'un côté sur le pé-
« ril des divisions qui naissent des révolu-
« tions, et sur les perturbations sociales
« que la mobilité du pouvoir engendre fa-
« talement ; d'un autre côté, sur les gages
« d'ordre, de vraie liberté, de prospérité
« tranquille et durable, de cohésion forte
« et puissante, d'ascendant pacifique et
« respecté, que la France retrouverait en
« plaçant ses destinées sous la garde de ce
« principe de la Royauté traditionnelle qui,
« en se perpétuant par l'hérédité, assure-
« rait à notre pays, avec la continuité d'un
« droit qui fit sa force, la garantie d'une
« stabilité qui ferait sa sécurité et sa gran-
« deur. »

Et plus loin, il ajoute :

« Dans les efforts que nous avons pu
« faire ensemble pour appeler toutes les

« forces vives du pays à la défense de la
« religion et de la société, *j'ai toujours con-*
« *servé l'espoir que cette union en prépare-*
« *rait* UNE AUTRE ; et sans identifier la cau-
« se religieuse avec une cause politique, je
« gardais la conviction qu'en travaillant
« pour l'une, je travaillais aussi pour l'au-
« tre ; car la cause religieuse n'est étran-
« gère à rien, bien que ce soit notre de-
« voir de la tenir toujours au dessus de
« tout ! »

Après ces nobles paroles, auxquelles
nous nous associons de tout cœur, je n'a-
jouterai qu'un mot : Catholiques et royalis-
tes, unissons désormais nos efforts pour le
triomphe d'une cause qui nous est également
ment chère, et soyons persuadés que, dans
un avenir prochain, notre foi et notre pa-
triotisme amèneront l'union suprême de la
France et de la Monarchie chrétienne !
(Double salve d'applaudissements.)

Arras, imp. du Pas-de-Calais. — P.-M. LAROCHE, dir.